NACH MIR DIE SINTFLUT

STEPHAN RADIG

NACH MIR DIE SINTFLUT

Sprüche klopfen mit der Bibel

benno

Bibliografische Informationen der
Deutschen Nationalbibliothek
Die Deutsche Nationalbibliothek verzeichnet diese
Publikation in der Deutschen Nationalbibliografie;
detaillierte bibliografische Daten sind im Internet über
http://dnb.d-nb.de abrufbar.

**Besuchen Sie uns im Internet
www.st-benno.de**

Gern informieren wir Sie unverbindlich und aktuell auch in
unserem Newsletter zum Verlagsprogramm, zu Neuerscheinun-
gen und Aktionen. Einfach anmelden unter www.st-benno.de.

ISBN 978-3-7462-3878-4

© St. Benno Verlag GmbH, Leipzig
Einband und Layout: Ulrike Vetter, Leipzigl
llustration: Karsten Lackmann, Altötting
Gesamtherstellung: Kontext, Lemsel (B)

»Nach mir die Sintflut«, das ist nur eine von vielen Redewendungen und geprägten Begriffen, die in der modernen Sprache immer noch ihren Platz haben, obwohl sie der jahrtausendealten jüdisch-christlichen Überlieferung entstammen bzw. von ihr abgeleitet sind. Sie werden nach wie vor in der Alltagssprache verwendet, auch wenn vielen Zeitgenossen nicht klar sein wird, dass diese Redewendungen aus der Bibel stammen und was sie exakt bedeuten. Interessanterweise bedienen sich gerade die Medien – bemüht um eine plastische Sprache – sehr oft der alten Bilder aus dem größten Bestseller aller Zeiten.

In diesem Büchlein finden Sie eine Auswahl der geläufigsten biblischen Redewendungen in einer lockeren Form erklärt und durch Bilder teils vertieft, teils verfremdet. Wenn die Heilige Schrift direkt zitiert wird, geschieht das in der Regel nach der Einheitsübersetzung. Oftmals wird auch die Lutherübersetzung benutzt, denn die Übersetzung des Reformators hat die deutsche Sprache sehr stark geprägt.

» TOHUWABOHU «

Wenn man ein großes Chaos meint, spricht man oft von einem »Tohuwabohu«. Ein Ausdruck, der in der Bibel gleich im zweiten Satz steht (Gen 1,2) – allerdings nur im Original, also in hebräischer Sprache. Deutsche Übersetzungen helfen uns da nicht weiter. Dieses hebräische »tohú wa bohú« wird meist übersetzt mit »wüst und leer«.

Und zwar ist dort im ersten Kapitel der Bibel die Erde »wüst und leer«. Der sogenannte erste Schöpfungsbericht erzählt, wie der Gott der Bibel aus dem Chaos eine geordnete Welt erschafft.

Das Chaos stand schließlich am Anfang. Und wer heute von einem »Tohuwabohu« spricht, hat vielleicht die Hoffnung auf Ordnung nicht völlig aufgegeben.

» BEI ADAM UND EVA ANFANGEN «

Es gibt Kollegen, die alles gründlich machen und in Zusammenhängen denken, und solche, denen das zu lange dauert. Wenn erstere letzteren etwas erklären, werden sie schon mal mit dem Satz unterbrochen: »Nun fang doch nicht bei Adam und Eva an.«
Zugegeben, die Geschichte des Volkes Gottes ist – von Adam und Eva an betrachtet – ziemlich lang. Vom zweiten Kapitel der Bibel (Gen 2), das von Adam und Eva erzählt, bis zum letzten sind es je nach Bibelausgabe mehr als 1500 eng beschriebene Buchseiten.
Nun muss man vielleicht nicht jedes Mal die ganze Geschichte von vorn erzählen oder hören. Aber die Zusammenhänge sind doch wichtig. Schließlich geht es bei Adam und Eva nicht nur um alte Geschichten ohne Bedeutung für das Heute.
Den ersten Predigern und Missionaren der jungen Christenheit war das klar. Wenn sie sich auf das Alte Testament beziehen, dann fehlen da ganze Abschnitte der langen Geschichte Israels. Aber sie kommen öfter auf Adam zu sprechen – wegen des Zusammenhangs. Denn sie verstehen Jesus als den neuen Adam, der die Schuld wieder aufhebt, die Adam verursacht hat.

Alle Jahre wieder ... zur Faschingszeit gibt mit Sicherheit irgendein Witzbold den heißen Tip: Geh doch zum Fasching im Adamskostüm! Diese Redewendung spricht verhüllend von nackten Tatsachen: Denn Adam und Eva sind im Paradies ursprünglich nackt gewesen. So heißt es in der zweiten Schöpfungserzählung des Buches Genesis.

Sie leben im Zustand kindlicher Unschuld, bis durch den Sündenfall Begierde, Scham und Schuld Einzug in das Leben des ersten Menschenpaares halten.

Für's erste half ein primitiver Lendenschurz, der erste Maßanzug sozusagen; das wäre heute für Otto-Normal-Verdiener viel zu teuer.

Das Verhältnis zur Nacktheit scheint der Mensch bis heute nicht in den Griff zu bekommen. Was den einen als erstrebenswert erscheint, ist anderen ein ungeheurer Frevel. Nacktheit ist allgemein Symbol von Schutzlosigkeit. Aber da ist auch das andere: In den Metropolen der Welt laufen heutzutage immer wieder teuer bezahlte Models mit ebenso teurer Designermode über den Laufsteg, Mode, die den Blicken des Gegenüber eigentlich mehr preisgibt als verhüllt. Woran mag das liegen?

Wenn ein Politiker oder Manager schnell eine publikumswirksame Maßnahme ankündigt, die einen Missstand aus der Welt räumen soll, dann sagt man oft: »Das ist doch nur ein Feigenblatt.« Natürlich ist damit kein grünes Blatt gemeint. Es soll heißen: Der Missstand wird nur spärlich verdeckt.

Man sagt das so in Anlehnung an die biblische Geschichte vom Sündenfall (Gen 3). Die zweite Schöpfungserzählung der Bibel geht ja davon aus, dass die Menschheit sozusagen ein einziges Ur-Ur-Ur-Eltern-Paar hatte, Adam und Eva, die in einem paradiesischen Garten lebten. Da durften sie alles, nur nicht von dem Baum der Erkenntnis essen.

Nun, sie taten es trotzdem. Wer von beiden schuld war, soll hier nicht erörtert werden. Jedenfalls erkannten sie, dass sie nackt waren. Das wollten sie ändern, und sie machten sich deshalb aus Feigenblättern einen Lendenschurz. Im Original steht wirklich die Mehrzahl da: Feigenblätter. Das hat jahrhundertelang die Künstler nicht gehindert, das erste Menschenpaar mit nur einem Blatt vor dem Geschlechtsteil zu malen. Vermutlich um zu zeigen, dass es nichts wirklich geändert hat, denn irgendwie sind sie immer noch nackt.

Manchmal ruft man spontan »Oh Jemine« oder auch »Herrje«. Aber ehrlich: Wissen Sie, was das heißt? Diese Ausrufe stammen aus der biblisch-christlichen Tradition.

Jesus aus Nazareth wird von den Christen nicht nur als herausragender Mensch verehrt, sondern als Gott. Er wird deshalb von den Christen als Herr angerufen. Lateinisch: Jesus Dómine.

Nun gab es da aber auch das Gebot, dass man den Namen des Herrn nicht leichtfertig aussprechen soll. Der Volksmund umging das einfach, indem er die Anrufung verkürzt hat. Aus »Jesus Domine« wurde »Jemine«.

Auf die gleiche Art entstand aus »Herr Jesus« das bekannte »Herrje«.

» KAINSMAL «

Von einem Kainsmal spricht man auch heute noch, wenn jemandem eine schwere Schuld sozusagen ins Gesicht geschrieben steht.

Gleich in den ersten Kapiteln handelt die Bibel von Mord und Totschlag. Kain erschlägt seinen Bruder Abel (Gen 4,1 bis 16).

Das Motiv: Missgunst.

Und so heißt es in der Bibel: Gott machte dem Kain ein Zeichen. Dieses Zeichen sollte seine Schuld öffentlich bezeichnen, Kain aber auch vor der Rache seiner Mitmenschen schützen.

Denn die Bestrafung – so die Bibel – hat sich Gott selbst vorbehalten.

» ALT WIE METHUSALEM «

Wenn es jemand schafft, einen Geburtstag kurz vor oder nach der Hundert zu feiern, dann sagt man manchmal: »Alt wie Methusalem«. Das sagt man so leicht hin, aber so alt wie Methusalem oder besser »Metuschelach«, wird heute keiner mehr: Der wurde 969 Jahre alt.

So steht es jedenfalls im ersten Buch der Bibel (Gen 5, 27). Metuschelach ist dort einer der Stammväter der Menschheit. Und mit seinem Alter steht er nicht allein: Andere sollen es immerhin auf fünf-, sechs- oder siebenhundert Jahre gebracht haben.

Nun, man wird diese Zahlen wohl kaum wörtlich nehmen dürfen. Als die Stammbäume der Menschheit in der Bibel geschrieben wurden, stellte man sich vor, dass die Menschen in den unterschiedlichen Epochen unterschiedlich lange gelebt haben. Und am Anfang eben am längsten, weil später das Böse immer mehr zugenommen hat.

Das leuchtet doch ein, oder?

Diese alten Stammbäume sind eine Art Predigt: Lebe gottgefällig und du wirst alt. Aber so alt wie Methusalem ist ja nicht mal Mutter Teresa in Kalkutta geworden.

»Nach mir die Sintflut.«
Mancher Zeitgenosse spricht heute mit dieser Redewendung ungeniert aus, dass ihm völlig egal ist, was er mit seinen Taten anrichtet. Auch wenn es gleich das Schlimmste ist, die Vernichtung der Menschheit. Denn das war ja das Ende der Sintflut, von der das erste Buch der Bibel erzählt.

Gott soll es mit der Menschheit satt gehabt haben. Der Grund: »Die Erde war voller Gewalttat.« Gott will einen Neuanfang – und dafür muss erst mal das Alte weg, eben mit viel Wasser weggespült werden.

Übrig blieb nur Noah mit seiner Sippe. Der hatte rechtzeitig auf Gottes Befehl hin einen großen Kasten gebaut – die Arche Noah, in der er sich mit seiner Sippe und vielen Tieren über die große Flut hinwegrettete.

Wenn heute jemand sagt: Nach mir die Sintflut, dann überschätzt er sich wohl leicht. Denn von den Taten eines einzelnen geht nicht gleich die ganze Menschheit unter.

Oder vielleicht doch?

» DAS GELOBTE LAND «

Im letzten Jahrhundert war für viele Europäer Nordamerika das gelobte Land, nach dem 2. Weltkrieg für viele DDR-Bürger die Bundesrepublik.

»Das gelobte Land«, das sagt man, wenn man von einer Gegend oder auch nur einer Umgebung spricht, von der man meint, dass man dort ideal arbeiten und leben könnte. Vorbild für diese Redeweise ist »das verheißene Land« der Bibel, in das Abraham aus dem Osten gezogen ist, später die Israeliten aus der Knechtschaft in Ägypten.

Die jüdische Tradition sagt, dass Gott den Israeliten dieses Land versprochen und geschenkt hat. Hier liegt eine der Wurzeln des Konfliktes zwischen Palästinensern und Israelis heute. Und so nennt man dieses Land »Palästina« oder »Israel« – je nach Standpunkt in diesem Konflikt.

Und egal, ob man nun Palästina, die USA oder die Bundesrepublik für das gelobte Land hält: Wenn die Redeweise ernst gemeint ist, dann hat das gelobte Land soviel Anziehungskraft, dass es die Menschen zum Aufbruch bewegt.

Der Urvater solcher Menschen, die aufbrechen, ist Abraham, eine der ersten großen Gestalten in der Bibel.

»Das geht ja hier zu wie in Sodom und Gomorrha.«
Mit diesem Spruch gibt mancher gelegentlich sein
Entsetzen kund – über Unordnung, Sittenlosigkeit
und Ausschweifung.

Sodom und Gomorrha, das waren nach dem ersten
Buch der Bibel zwei Städte in der Nähe des Toten
Meeres, in denen gottlose Menschen ein lasterhaftes
Leben führten.

Sie achteten das Gastrecht nicht, im Alten Orient
eine heilige Institution; die anderen Laster, über die
sich die Bibel entsetzt, betreffen sexuelle Aus-
schweifungen ...

Nach der biblischen Erzählung (Gen 19,1-29) beka-
men die Städte Sodom und Gomorrha ihre gerechte
Strafe: sie wurden ausgelöscht. Gott ließ auf die beiden Städte »Feuer und Schwefel regnen«, heißt es.

Überlebt haben sie in gewissem Sinne doch: als ab-
schreckendes Beispiel in der Redewendung »Sodom
und Gomorrha«.

» ZUR SALZSÄULE ERSTARREN «

Der Schreck war groß. So groß, dass er für einen Moment lähmte. In solchen Situationen sagt man, dass jemand zur »Salzsäule erstarrt« ist. Vor Schreck, Überraschung, Fassungslosigkeit.

Diese Redewendung geht zurück auf die Geschichte der Bestrafung von »Lots Frau« im ersten Buch der Bibel.

Lot und seine Familie sollen gerettet werden, bevor Gott die Städte Sodom und Gomorrha in »Schwefel und Feuer« untergehen lässt. Wegen ihrer heute sprichwörtlichen Lasterhaftigkeit.

Nur Lots Familie zählt zu den Gerechten und soll deshalb fliehen. Und sie bekommen die göttliche Weisung, sich bei ihrer Flucht nicht umzusehen.

Nun, Lots Frau tat's doch. Sie wollte wissen, was für ein Inferno da stattfindet. In der Bibel heißt es: »Seine Frau sah hinter sich und ward zur Salzsäule« (Gen 19,26).

» DER BENJAMIN SEIN «

Das jüngste Kind bezeichnet man oft auch in Familien, die sich in der Bibel nicht so gut auskennen, als den »Benjamin«. Warum eigentlich?

Die ältesten Erzählungen der Bibel handeln von den Stammvätern des Volkes Israel, den Patriarchen. Einer dieser Stammväter war Jakob, auch Israel genannt. Dessen zwölfter und jüngster Sohn hieß Benjamin (Gen 35,18).

Jakob hing besonders an diesem Sohn. Von insgesamt vier Frauen waren die zwölf Söhne Jakobs, die nach der israelitischen Überlieferung die Stammväter der zwölf israelitischen Stämme waren. Die Geschichte dieser zwölf Männer und ihres Vaters wird im Buch Genesis, dem ersten Buch der Bibel, sehr plastisch erzählt. Besonders die Josefsgeschichte war oft Vorlage für Literatur und Film.

»Die fetten Jahre sind vorbei.« Klar, das wissen Sie. Wissen Sie auch, woher diese Redewendung kommt?

Im ersten Buch der Bibel wird erzählt, dass der ägyptische Pharao einen seltsamen Traum hat: Er sieht aus dem Nil zuerst sieben schöne, fette Kühe steigen, dann sieben hässliche, magere Kühe.

Dieser Traum wird vom Israeliten Josef so gedeutet, dass auf sieben Jahre des Wohlstands sieben Hungerjahre im Land folgen werden.

Josef rät dem Pharao, Vorsorge zu treffen, so dass das Land die sieben mageren Jahre gut übersteht. Nach dieser Erzählung aus der Bibel (Gen 41) spricht man von fetten und mageren Jahren.

» DAS LAND, WO MILCH UND HONIG FLIESSEN «

Eigentlich sind Milch und Honig heute nichts Besonderes mehr: Im Supermarkt hat man mehrere Sorten und Marken zur Auswahl. Und doch ist auch heute noch manchmal vom »Land, in dem Milch und Honig fließen« die Rede.

Die ersten Bücher der Bibel sind stark von diesem Thema bestimmt. Dem Volk Israel wird ein Land versprochen, das weit und schön ist (Ex 3,8). Die Israeliten ziehen dorthin, erobern dieses Land und verteidigen es. Doch zuvor wird ihnen dieses gelobte Land schmackhaft gemacht. Es wird als »Land, in dem Milch und Honig fließen« beschrieben. Das heißt, es musste fruchtbar sein, wenn es solche Früchte hervorbringt.

Wenn heute – im Supermarktzeitalter – davon die Rede ist, dann ist es wohl mehr eine Metapher für ein glückliches Leben, frei von den Sorgen des Existenzkampfes.

Der Ehemann kam doch tatsächlich mal ohne Grund mit Blumen in der Hand nach Hause, ein Kollege hat sich ausnahmsweise mal an die Spielregeln gehalten oder der Sohn tatsächlich den Müll freiwillig weggeschafft. In solchen Situationen sagt man: »Es geschehen noch Zeichen und Wunder.«

Diese Redewendung ist eigentlich eine Verdopplung. Denn wenn im Buch Exodus von »Zeichen und Wundern« (Ex 7,3) die Rede ist, durch die Gott die Entlassung seines Volkes aus der Knechtschaft erzwingt, dann sind damit außergewöhnliche Erscheinungen gemeint, Wunder mit Zeichencharakter. Wir kennen diese Wunder als die sieben Plagen.

Jesus warnt Jahrhunderte später seine Zeitgenossen vor falschen Propheten, die das Volk mit »Zeichen und Wundern« blenden wollen. Das Volk scheint auf solche Wunder geradezu gewartet zu haben. Und wir sind heute schon über recht banale Dinge erfreut.

» AUGE UM AUGE, ZAHN UM ZAHN «

Wenn jemand harte Rache schwört, dann sagt er heute vor sich hin »Auge um Auge, Zahn um Zahn« und zitiert damit eine Anweisung aus der Bibel.

Dort gibt Mose dem Volk Gottes diese Anweisung innerhalb einer langen Liste von Schadensregulierungen, wenn zwischen zwei Menschen etwas Schlimmes passiert. Da heißt es:

»Ist weiterer Schaden entstanden, dann musst du geben: Leben für Leben, Auge für Auge, Zahn für Zahn, Hand für Hand, Fuß für Fuß, Brandmahl für Brandmahl, Wunde für Wunde, Strieme für Strieme« (Ex 21,23-25).

Dieses Gesetz der Vergeltung hört sich für unsere Ohren hart an. Aber wir müssen gerecht bleiben.

Es stellt für die Zeit, in der es aufgeschrieben wurde, ein Stück Rechtssicherheit her. Es begrenzt die Vergeltung.

Wenn ein Mord geschieht, dann darf nicht mal eben die gesamte Sippe des Mörders umgelegt werden, sondern nur der Mörder selbst.

Dass jemand zu allem »Ja und Amen« sagt, wird in der Regel als ein Zeichen von Schwäche oder Prinzipienlosigkeit gedeutet – je nach Situation.

Das hebräische Wort »Amen« heißt soviel wie »So sei es« oder »Wahrlich«, bedeutet also eine Zustimmung. Im Neuen Testament und danach im christlichen Gottesdienst wird das Amen allerdings zu einer Art Formel. Der Beter schließt sich einem Wunsch an, der Bitte, die von Gott gemachten Verheißungen mögen doch in Erfüllung gehen.

Doch im Alten Testament kann das Amen heißen, dass jemand eine Verpflichtung übernimmt oder sich eine Verwünschung auferlegt, falls er der Verpflichtung nicht nachkommt (Dtn 27,15-16). Es geht also nicht um ein beiläufiges »Jaja«.

Und im Sinne der Redewendung sollte mancher wohl auch mal überprüfen, wozu er oder sie im Gottesdienst gewöhnlich »Amen« sagt. Denn da kommt das Amen ja sehr häufig vor. Und so mancher wird das Amen wohl mehr aus Gewohnheit sprechen, als um zu bestätigen, was da gerade gesprochen wurde.

Wenn sich alles nur noch um Macht und Geld dreht, dann bezeichnet man das manchmal als einen »Tanz um das Goldene Kalb«.

Dieses Goldene Kalb geht auf eine Geschichte aus dem zweiten Buch der Bibel zurück (Ex 32,1-35). Das beschreibt, wie Moses die Israeliten aus ihrer Knechtschaft im mächtigen Ägypten herausführt in eine neue Zukunft.

Er beruft sich dabei immer wieder auf seinen Gott, der ihm dazu den Auftrag gegeben haben soll. Doch die Flucht der Israeliten führt lange durch die Wüste, brachte Hunger und Entbehrung mit sich. Die Leute waren sauer auf den Anführer Moses und sehnten sich zurück nach den »Fleischtöpfen Ägyptens«. In der Knechtschaft gab es wenigstens genug zu essen. Man kennt das ja: In der DDR waren ja die Mieten billig und so ... – nicht?

Ja, und weil die Israeliten die Nase voll hatten von dem Gott, den sie weder sehen noch hören konnten, da haben sie sich selbst so einen kleinen Gott gebastelt. Aus viel Gold, die Gestalt wie ein Kalb eben. Ja, und dann haben sie darum getanzt, soll heißen: gebetet. Geholfen hat ihnen das freilich auch nicht.

» DIE LEVITEN LESEN «

Nicht nur in frommen Kreisen hieß es – wenigstens früher: Einmal im Leben sollte man die Bibel gelesen haben.

Viele, die es versucht haben, sind an den langen Geschlechterfolgen gescheitert, wo einfach nur aufgezählt wird, wer von wem abstammt.

Spätestens aber bei den Tausenden von Vorschriften und Gesetzen, die dort ganze Bücher füllen, haben viele aufgegeben. Das bekannteste ist das Buch »Leviticus«, es enthält zahllose Vorschriften für die Priester des alten Israel, die Leviten.

Im frühen christlichen Mönchtum gehörte es zu den Bußübungen, sich dieses Buch zu Gemüte zu führen. Aus dieser Zeit stammt die Redewendung:

»jemandem die Leviten lesen«.

Dass das eine unerfreuliche Sache ist, wissen die meisten. Dass die Leviten Priester waren und die gelesenen Leviten endlose Gesetzesvorschriften sind, das wissen Sie spätestens jetzt.

Wenn man misstrauisch gegenüber einer Sache ist, dann sagt man: »Das kommt mir nicht ganz ›koscher‹ vor.« Das Wort stammt aus dem Jiddischen und heißt soviel wie »einwandfrei, unbedenklich«. Die Unbedenklichkeitserklärung bezieht sich auf die Speisevorschriften der Juden, die schon im Alten Testament verankert sind. Im Buch Leviticus, Kapitel 11, und an anderen Stellen wird genau aufgeführt, welche Tiere die Israeliten essen dürfen und welche nicht, weil sie unrein sind. So werden alle Tiere und Speisen in rein und unrein unterschieden; Vorschriften regeln genau, wie Geschirr und Tisch rein zu halten sind.

Jesus kritisiert das schematische Festhalten an den Vorschriften bei den ganz Frommen seiner Zeit. Er ruft seinen Mitmenschen zu: »Nichts, was von außen in den Menschen hineinkommt, kann ihn unrein machen, sondern was aus dem Menschen herauskommt, das macht ihn unrein.« (Mk 7, 15). Vielleicht wird das Wort »koscher« heute in der Umgangssprache in diesem Sinn verwendet. Denn da wird meist nicht die Reinheit von Speisen beurteilt, sondern der Mitmensch.

»Alle Jubeljahre einmal«: Das sagt man, wenn etwas sehr selten geschieht. Der Ausdruck stammt aus dem AT (Lev 25,8-31), dem ersten Teil der Bibel. In den zahllosen Gesetzen des Volkes Israel gab es Vorschriften für ein Jahr ganz besonderer Art. Dieses Jahr wurde mit Hörnerklang eröffnet, die auf Hebräisch Jobel heißen – deshalb Jobel- oder Jubeljahr.

Das Wort »jubilieren« kommt zwar aus einer anderen Sprache, dem Lateinischen, aber Grund zum Jubilieren hatten einige Leute im Jobeljahr.

Vor allem Leute, die heute Fälle für Beratungsstellen und Sozialämter gewesen wären, harte Zeiten dagegen waren es für Grundstücksspekulanten: Da mussten Familien, die aus Not ihren Acker verkauft hatten, Grund und Boden wieder zurückbekommen; Schulden mussten erlassen und Sklaven wieder freigelassen werden.

Das klingt nach Sozialismus vor zweieinhalbtausend Jahren. Die Schattenseite des Ganzen: Wir haben erstens kaum Belege, dass das alles konsequent durchgesetzt worden wäre. Und zweitens sah das Gesetz solch ein Jubeljahr nur alle 50 Jahre vor – viel zu selten eben.

» ZUM SÜNDENBOCK MACHEN /
IN DIE WÜSTE SCHICKEN «

Wenn in der Politik etwas schief läuft, dann wird oft statt der wirklichen Ursache des Übels einfach ein Sündenbock gesucht. Jedenfalls sagt man das so, auch wenn man damit nicht dasselbe meint, was mit einem Sündenbock ursprünglich gemeint war.

Schon in recht alten Schriften der Bibel ist von einem Ritual die Rede, mit dem der Sündenbock verbunden ist.

An einem Festtag im Jahr, dem Versöhnungstag, auf hebräisch »jom kippur«, wird ein Ziegenbock wortwörtlich »in die Wüste geschickt« (Lev 16,10), und dort muss er ohne menschliche Fürsorge sterben.

Vorher hat der Hohepriester des Volkes Israel vor Gott die Sünden des Volkes bekannt und diese Sünden unter Handauflegung auf den Bock übertragen.

Der Bock hatte natürlich mit den Sünden der Menschen nichts zu tun. Und das unterscheidet ihn oft von einem heutigen Sündenbock, der zur Strafe »in die Wüste geschickt« wird.

» EIN MOLOCH «

Ein System, das den Menschen kaputt macht, nennen Zeitungskommentatoren gern einen »Moloch«. Dieser Begriff ist uns durch die Bibel überkommen (Lev 20,2). An mehreren Stellen polemisieren die biblischen Schriftsteller gegen den Moloch.

Und dieser Moloch ist nichts anderes als eine Götterfigur. Ein Kriegsgott, dem man im Alten Orient kostbare Opfer gebracht hat: nämlich die eigenen Kinder. Es muss da vor gut 2500 Jahren tatsächlich noch Menschenopfer gegeben haben.

Die biblischen Schriftsteller polemisierten gegen diesen Kult, weil er wohl zeitweise auch bis nach Jerusalem vorgedrungen war.

Die Bibel aber glaubt – erstens – nur an den einen Gott und – zweitens – an einen Gott, der vom Menschen nichts verlangt als Glauben und Nächstenliebe.

» ÜBER DEN JORDAN GEHEN «

Wenn »etwas über den Jordan geht«, dann weiß man in der Regel: Da hat sich nicht etwa einer zur Reise in den Nahen Osten aufgemacht. Sondern: da drückt jemand aus, dass etwas kaputtgegangen ist und weggeworfen wurde.

Manchmal sagt man es auch von Menschen, wenn sie gestorben sind.

Die Redewendung »über den Jordan gehen« kommt aus der jüdisch-christlichen Tradition. In der Bibel spielt der Jordan – der größte Fluß Palästinas – eine wichtige Rolle.

Die alten Israeliten sind aus der Wüste über den Jordan in das Gelobte Land eingezogen (Jos 3,1-17). Die christliche Literatur hat diesen Übergang später symbolisch gedeutet – als Eintritt in das Himmelreich.

Dieses Himmelreich ist ein altes Bild für das Leben nach dem Tod, das sich die Christen erhoffen. Und der Weg dahin führt – jedenfalls symbolisch gesehen – über den Jordan.

»David gegen Goliath.« Dieses Bild wird immer wieder gern zitiert. Zum Beispiel wenn eine bekannte Umweltschutzorganisation mit winzigen Schlauchbooten gegen gewaltige Schiffe angeht.

Wie vieles in unserer Sprache stammen auch die beiden Krieger David und Goliath aus der Bibel (1 Sam 17,1-58). Da ist in den ersten Büchern viel von Krieg die Rede. Das Volk Israel muss sich immer wieder gegen Angriffe verteidigen. Gegen die Philister an der Mittelmeerküste taten sich die Israeliten dabei besonders schwer. Besonders peinlich: der Vorkämpfer der Philister trat tagelang vor die eigenen Schlachtreihen und forderte einen Israeliten zum Zweikampf. Doch keiner traute sich gegen diesen Hünen anzutreten.

Die Ehrenrettung besorgte dann David, ein junger Hirte. Der verzichtete auf Schwert und Rüstung und erledigte den Gegner mit einer Schleuder und einem Kieselstein. Ein bisschen unfair war das ja schon, so aus der Ferne. Aber dass »Köpfchen gegen Muskel« gewinnt, macht David schon sympathisch.

Wenn heute von David gegen Goliath die Rede ist, vergisst man allerdings meist die Konsequenz von einst: Am Ende ist Goliath nämlich tot.

» ASCHE AUFS HAUPT /
IN SACK UND ASCHE GEHEN «

Man meint es heute meist eher scherzhaft, wenn man sagt: »Ich streue mir Asche aufs Haupt.« Im Zeitalter der Öl- und Gasheizung ist der Sinn dieses Bildes wohl für viele schwer nachvollziehbar.

Die Redewendung kommt aus der Bibel (2 Sam 13,19), und in früheren Jahrhunderten hat man es im alten Israel und später auch im Christentum wirklich praktiziert:

Wer in Trauer war oder Buße tun, also sein Leben ändern wollte, der hat sich tatsächlich Asche aufs Haupt gestreut. Ein klein wenig ist davon in den katholischen Gottesdiensten zu Aschermittwoch übrig geblieben:

Zu Beginn der Bußzeit vor Ostern bekommen die Christen die Asche aufs Haupt. Allerdings nur ein kleines bisschen, so als zartes Zeichen eben.

Mit den großen Gesten der orientalischen Kultur kann man hier schon lange nichts mehr anfangen.

» EIN SALOMONISCHES URTEIL «

Es kommt nicht so häufig vor, aber gelegentlich wird auch heute noch jemandem nachgesagt, ein »salomonisches Urteil« gefällt zu haben. Gemeint ist damit eine Entscheidung, die so weise ist wie die, die einst König Salomo fällte.

Der zweite Sohn des Königs David darf wohl als der berühmteste der Könige des alten Israel gelten. Er hat den Thron zwar in einem Staatsstreich bestiegen, aber die Nachwelt sprach meist respektvoll von ihm. Denn er hat das Reich Israel zusammengehalten, einen großen Tempel bauen lassen und galt als musisch talentiert: die Tradition hielt ihn deshalb für den Verfasser einiger biblischer Bücher.

Berühmt sind auch seine richterlichen Entscheidungen. Am bekanntesten ist das Urteil im Streit zwischen zwei Frauen, die beide behaupteten, die Mutter einunddesselben Neugeborenen zu sein (1 Kön 3,16-28). Salomo gibt die Anweisung, das Kind mit dem Schwert zu teilen, so dass jede eine Hälfte bekomme. Da zeigt sich die wahre Mutter: Sie verzichtet — damit das Kind am Leben bleibt. Die Bibel übrigens schreibt die Weisheit nicht Salomos eigener Leistung zu, sondern sagt: »Die Weisheit Gottes war in ihm.«

Wenn jemand eine Leistung abgeliefert hat, die unter allen Erwartungen bleibt, dann heißt es oft: »Das war unter aller Kanone.« Diese Redewendung stammt beileibe nicht aus der Artillerie. Das griechische Wort Kanon geht auf einen hebräischen Ausdruck zurück, und der bezeichnet ein Schilfrohr, das als Maßstab diente. Dieses Wort kommt in der Bibel öfter vor und wird in kirchlichen Zusammenhängen heute noch häufig gebraucht.

Das Rechtsbuch der römisch-katholischen Kirche zum Beispiel ist nicht in Paragraphen eingeteilt, sondern in Canones. Aber auch die Heilige Schrift unterliegt einem Kanon. Denn was von der umfangreichen schriftlichen Tradition des Volkes Gottes als biblisch gelten darf, ist in einem Kanon festgelegt. Das geschah spät, nach teilweise jahrhundertelangem Gebrauch dieser Schriften. Was zum Kanon des Neuen Testaments gehört, darüber sind sich die christlichen Kirchen einig. Der Kanon des Alten Testaments allerdings ist nicht eindeutig. Die protestantischen Kirchen haben sich für den kürzesten Kanon des AT entschieden, die orthodoxen Kirchen haben den längsten, die katholische Kirche liegt mit ihrem »Maßstab« mittendrin.

» EINE HIOBSBOTSCHAFT «

Der Polizist, der die Todesbenachrichtigung über-
bringen muss, der Brief, der die Entlassung ankündigt – sie alle bringen sogenannte »Hiobsbotschaften.« Nachrichten also, die ein Unglück ankündigen.
Die Redewendung von den Hiobsbotschaften geht
auf das biblische Buch »Hiob« oder »Job« zurück.
Hiob – ein frommer Mann – bekommt eine Schre-
ckensmeldung nach der anderen überbracht: sein
Vieh stirbt, seine Knechte, schließlich werden seine
Söhne umgebracht.
Die Gestalt Hiob in der Bibel ist allerdings keine
historische Gestalt. Die Geschichte geht den Fragen
nach Gerechtigkeit, Leid und Gottesglauben nach.

Wer zum ersten Mal die Bibel in die Hand nimmt, wird vielleicht überrascht sein, dass das kein durchgängiges Buch nach einem strengen Plan ist. Es ist eine ganze Bibliothek von Büchern, die sehr unterschiedlich zustande gekommen und auch sehr verschieden im Charakter sind. Kein Wunder, denn das Wort »die Bibel« kommt aus dem Griechischen und heißt eigentlich nichts weiter als »die Bücher« – in der Mehrzahl. Eine Abteilung in dieser Bibliothek wird heute die »Weisheitsliteratur« genannt.

Da finden sich Lieder, philosophische Gedanken, Lehrerzählungen und vor allem Sprüchesammlungen. Unendlich viel Stoff für Poesiealben, Spruchkarten und Wandkalender. In diesen Texten sind mehr als 1000 Jahre Volksweisheit versammelt.

Wenn man darin liest, kann es passieren, dass seitenweise der Name »Gott« überhaupt nicht vorkommt. Und trotzdem sind sie in die Bibel aufgenommen worden. Denn sie geben Antwort darauf, wie ein ehrbarer und frommer Mensch leben soll.

Viele dieser Sprüche leben bis heute weiter. Der bekannteste ist vielleicht folgender: »Wer andern eine Grube gräbt, fällt selbst hinein« (Ps 7,16).

» AUF HERZ UND NIEREN PRÜFEN «

Im Testbericht über einen neuen Autotyp kann man eine Redewendung mit ziemlicher Sicherheit erwarten:

Das Fahrzeug ist »auf Herz und Nieren« geprüft worden.

Das sagt man, wenn man meint, dass wirklich gründlich geprüft wurde, das Innerste.

Und auch in anderem Zusammenhang meint man damit: Das Innerste eines Menschen oder einer Sache wurde geprüft.

Die Redewendung ist durch die Bibel volkstümlich geworden: Dort heißt es in einem Gebet: »Du, gerechter Gott, prüfst Herzen und Nieren« (Ps 7,10).

Das Herz, das ist Sitz der Empfindungen – klar. Die Nieren galten früher, ähnlich wie die Leber als Sitz von Gemütsbewegungen, manchmal als Sitz der Lebenskraft, im alten Israel sogar als Sitz des Gewissens.

Gott prüft also, nach Ansicht der Bibel, Fühlen und Gewissen. Dinge also, die der Mensch gar nicht prüfen könnte.

» DEN SEINEN GIBT'S DER HERR IM SCHLAF «

Das hat schon in der Schule viele geärgert: Während der eine sich vor der Klassenarbeit redlich abrackert und dann doch wieder gerade so eine Zwei schafft, sahnt der intelligente Faulpelz locker die Eins ab. Im Berufsleben scheint das nicht anders zu sein. Der eine hat gerade so sein Auskommen, dem anderen werden Stellung und Geld fast nachgetragen.

Und es sind nicht unbedingt die Frömmsten, von denen man dann sagt: »Den Seinen gibt's der Herr im Schlaf.« Hundertprozentig ist nicht klar, wie das der Psalm 127 meint, aus dem dieses Zitat stammt. Aber es scheint wohl eine uralte Erfahrung zu sein: »Wenn nicht der Herr das Haus baut, müht sich jeder umsonst, der daran baut.«

Man kann und soll tun, was an einem selber liegt, aber was daraus wird, hat man letztlich nicht in der Hand.

» JEMANDEN UNTER SEINE FITTICHE NEHMEN «

Wenn der neue Kollege oder die neue Kollegin kommt, dann ist oft auch gleich jemand da, der sie oder ihn »unter seine Fittiche« nehmen will. Jedenfalls sagt man das dann so, auch wenn man nicht wirklich Flügel hat.

Wie viele Redewendungen stammt auch diese aus den Psalmen (Ps 61,5).

In dieser Sammlung von Gebeten und frommen Liedern kommt so ziemlich alles zur Sprache, was das Leben so bietet: Freude und Leid, Kummer und Dank, Vertrauen und Verzweiflung.

Einige Male kommt da auch dieses Bild mit den Flügeln vor. Der Gläubige glaubt sich von Gott beschützt, so wie ein Vogel seine Jungen vor den Feinden unter seinem Gefieder verbirgt.

» AUF HÄNDEN TRAGEN «

In romantischer Atmosphäre haucht er ihr zu:
»Auf Händen tragen« wolle er sie zukünftig. So kennt man es aus alten Filmen.

Ob so etwas heute noch im realen Leben vorkommt, das läßt sich schwer nachweisen. Die Redewendung ist jedenfalls noch bekannt und meint: Ich will dich verwöhnen, dich vor allem Unheil bewahren.

Und auch diese Redewendung stammt aus der Bibel. In Psalm 91 heißt es über den gerechten Menschen, dass er unter dem Schutz Gottes steht: »Denn er befiehlt seinen Engeln, dich zu behüten auf all deinen Wegen. Sie tragen dich auf ihren Händen, damit dein Fuß nicht an einen Stein stößt.«

» Hochmut kommt vor dem Fall« warnt die Volksweisheit. Und dass das die Volksweisheit anderer
Völker auch so sagt, ist kein Zufall: Sie habens alle
aus der Bibel.

Die Bibel ist ja eigentlich eine ganze Bibliothek von
Büchern. Darunter sind auch welche, die den Sprich-
wortschatz des alten Volkes Israel aufbewahren.

Viele Sprichwörter, die da überliefert sind, scheinen
nichts mit Religion zu tun zu haben. Haben sie aber
doch: Denn da geht es ganz praktisch darum, wie
man gott-gefällig, also fromm leben soll.

Und da hat man schon vor 2500 Jahren aufgeschrieben:

»Wer zugrunde gehen soll, der wird zuvor stolz; und
Hochmut kommt vor dem Fall« (Spr 16,18).

»Es gibt nichts Neues unter der Sonne.«
Man könnte meinen, dieser Stoßseufzer stammte aus unserer Zeit, wo man über Dutzende Fernsehkanäle, Radio, Zeitungen und jetzt auch noch über das Internet eigentlich alles erfahren kann, wenn man es nur erfahren will.

»Das ist alles schon mal dagewesen.«
Nein, der Gedanke wurde schon vor mehr als zweitausend Jahren aufgeschrieben: In einem Buch der Bibel, »Kohelet« oder »Prediger Salomos« genannt, sinnt ein Mann über das Leben nach. Dabei legt er eine recht pessimistische Haltung an den Tag. Er geht davon aus, dass es immer dasselbe ist, eben alles schon dagewesen.

Er sagt: »Es gibt nichts Neues unter der Sonne« (Koh 1,9).

Sein Fazit: Es gibt keine Gerechtigkeit und das Glück ist flüchtig.

Seine Empfehlung: Halte dich an die Gebote Gottes, hänge dich nicht an Geld und Besitz und genieße die Augenblicke des Glücks, die du erlebst.

» NUR EIN LIPPENBEKENNTNIS ABLEGEN «

In der DDR standen sie für Otto-Normal-Bürger auf der Tagesordnung. Ob zurecht oder nicht, heute schreibt man sie vor allem Politikern zu: Lippenbekenntnisse. Ein »Wert« wird in den Reden hochgehalten, allein die Taten lassen auf sich warten.

Nun ist das aber keine moderne Erscheinung. Schon die Bibel beklagt sich über das Volk Israel, es ehre seinen Gott nur mit den Lippen, aber nicht mit dem Herzen (Jes 29,13-14).

In der Kultur des Alten Testaments ist das Herz nicht nur Sitz sentimentaler Gefühle, sondern auch der Gedanken, der Einsicht und des Willens. Es geht also nicht nur um die Echtheit von Gefühlen, sondern um den Gegensatz zwischen Reden und Tun.

Menetekel sind heute wohl hauptsächlich in den Kommentarspalten der Zeitungen zu finden. Die Kommentatoren bedienen sich auffällig gern der Redewendungen, die uns aus der Bibel überkommen sind. Wenn es um Vorzeichen für schlimme Ereignisse geht, nennen sie das oft ein »Menetekel«.

Das Wort geht auf das Buch Daniel zurück. Dort wird erzählt: Der babylonische König Belschazzar lässt bei einem großen Festgelage aus Übermut Gefäße, die er aus dem Jerusalemer Tempel entwendet hat, als Trinkgefäße missbrauchen. Kurz darauf sieht er, wie eine geisterhafte Hand etwas an die Palastwand schreibt: »Mene mene tekel u-parsin.« Der genaue Sinn dieser rätselhaften Worte ist bis heute unklar. Der weise Daniel deutet sie so: Die Herrschaft des Belschazzar geht zu Ende, das Reich zerfällt. Lapidar heißt es im Buch Daniel: »Noch in derselben Nacht wurde Belschazzar, der König der Chaldäer, getötet« (Dan 5, 30).

» EIN KOLOSS AUF TÖNERNEN FÜßEN «

So manche autoritäre Staatsmacht oder auch ein aufstrebendes Wirtschaftsimperium wird von Zeitungskommentatoren gern als ein »Koloss auf tönernen Füßen« bezeichnet.

Damit ist dann gemeint, dass diese Macht keine solide Grundlage hat. Das Wort »Koloss« stammt aus dem Griechischen und meint ein riesiges Standbild. In der Antike gab es davon einige, zum Beispiel an der Hafeneinfahrt von Rhodos. Unter dessen Beinen konnten die Schiffe hindurchfahren.

Die Rede vom »Koloss auf tönernen Füßen« ist uns aber durch die Bibel überliefert. Im Buch Daniel (2, 31-35) wird ein Traum geschildert, in dem solch ein Koloss aus Gold, Silber, Erz und Eisen besteht. Die Füße aber sind teilweise aus Ton.

Dieser Koloss bezeichnet die vier großen Weltreiche, unter denen das Volk Israel in der Antike zu leiden hatte.

Daniel drückt seine Hoffnung aus, dass das Reich Gottes, das noch kommen soll, alle weltlichen Reiche überwinden wird.

In dem Traum trifft ein Stein die tönernen Füße, und der Koloss stürzt in sich zusammen.

» EINEN DENKZETTEL VERPASSEN «

Wenn man sagt, dass man jemandem »einen Denkzettel verpassen« will, dann meint man damit meistens kein Stück Papier. Meist will man dann jemandem etwas antun, das ihm möglichst lange im Gedächtnis bleibt.

Im Mittelalter gab es den Ausdruck »Denkzettel« als Bezeichnung für eine schriftliche Vorladung vor Gericht. Aber dieses Wort spielte auch in der jüdisch-christlichen Tradition eine Rolle.

Martin Luther hat dieses Wort in seiner Bibelübersetzung mehrfach benutzt. Da werden die Israeliten an manchen Stellen aufgefordert, sich daran zu erinnern, was Gott alles für ihre Vorfahren getan hat.

Und dazu sollen sie sich »Denkzeichen« an Stirn und Handgelenk machen, Luther übersetzt statt Denkzeichen: »Denkzettel«.

Denn die Juden haben aus der biblischen Anweisung tatsächlich Zettel gemacht. An den Gebetsriemen, die orthodoxe Juden noch heute anlegen, gibt es eine Kapsel an der Stirn und eine am Handgelenk.

Und in beiden Kapseln sind Zettel eingeschlossen mit wichtigen Zitaten aus der Bibel, »Denkzettel« also.

» DER PROPHET GILT NICHTS IN SEINEM VATERLANDE «

Oft muss erst jemand von außerhalb kommen, um den Leuten etwas Tiefschürfendes über sich und ihre Zeit nahezubringen. Dass das jemand aus den eigenen Reihen vielleicht auch schon mal gesagt hat, spielt keine Rolle. Mancher Schriftsteller ist im Ausland entdeckt worden. Und wenn ein Unternehmensberater in wohlgesetzten Worten brilliert, gilt der Vorschlag plötzlich etwas, den ein Mitarbeiter zuvor erfolglos unterbreitet hatte. Es scheint ausgemacht: Der Prophet gilt nichts in seinem Vaterlande.

Jesus erging das in seiner Heimat Nazareth anscheinend nicht viel anders. Bei Matthäus heißt es (in der Lutherübersetzung): »Jesus aber sprach zu ihnen: Ein Prophet gilt nirgend weniger denn in seinem Vaterland und in seinem Hause« (Mt 6,4).

Das mag vielleicht daran liegen, dass man den Propheten schon lange kennt, noch bevor er als Prophet hervortrat. Zum Beispiel auch mit seinen Schwächen.

Vielleicht ist aber auch noch anderes im Spiel: Der Prophet hat seinen Mitmenschen oft Unangenehmes zu sagen, er verlangt meistens, dass sie ihr Leben ändern.

In unseren Großstädten gibt es meist irgendwo in einem älteren Bürogebäude noch einen von diesen alten Personenaufzügen: Sie haben Körbe ohne Türen, die in endloser Schleife laufen. Wenn man mitfahren will, muss man im richtigen Moment den Schritt in den Fahrkorb hinein wagen. Der Volksmund nennt diese Aufzüge »Paternoster«.

»Pater noster« – das ist Latein und heißt übersetzt »Vater unser«. Das ist der Anfang des wichtigsten Gebetes der Christen, das mit den Worten beginnt »Vater unser im Himmel«.

Der Fahrstuhl heißt nun aber nicht Paternoster, weil er in den Himmel führt. Schließlich geht es ja auf der anderen Seite auch wieder runter. Der Name geht auf das Rosenkranzgebet der katholischen Christen zurück, das früher meist in Latein gebetet wurde. In dieser meditativen Gebetsform werden verschiedene Texte regelmäßig wiederholt. Jeder neue Abschnitt beginnt dabei mit dem »Vater unser« oder Paternoster.

Für den Außenstehenden ergibt sich leicht der Eindruck, als ob sich die Gebete beim Rosenkranz endlos wiederholen – eben so, wie die Körbe des Paternoster endlos umlaufen.

» LASS DEINE LINKE HAND NICHT WISSEN ... «

Das solls ja gelegentlich geben: Der Chef ist nicht da, und als ein wichtiger Kunde anruft, weiß im ganzen Laden keiner, was da abgesprochen war. In solchen Situationen sagt man oft:

»Hier weiß die Linke nicht, was die Rechte tut.«

Ein Spruch, der aus der Bibel stammt (Mt 6,3) und dort eigentlich was anderes meint. Da geht es weniger um das Chaos, sondern eher um Bescheidenheit, um Diskretion.

Jesus empfiehlt vor 2000 Jahren seinen Zeitgenossen:

Wenn sie fromm sein wollen, sollen sie großzügig Almosen geben. Heute würde man sagen: »Für wohltätige Zwecke spenden.«

Aber man soll es verschwiegen tun und nicht damit prahlen. Sie sollen darauf vertrauen, dass sie von Gott belohnt werden und nicht durch gesellschaftliche Anerkennung.

Sie sollen eben am besten so spenden, dass »die linke Hand nicht weiß, was die rechte tut«.

» UNTER DIE RÄUBER FALLEN / DER BARMHERZIGE SAMARITER «

Wenn man Geschäfte macht, muss man aufpassen, dass man nicht »unter die Räuber fällt«. Also dass man nicht schamlos ausgenutzt und ausgebeutet wird. Ursprünglich meinte diese Redewendung die Sache allerdings wortwörtlich.

Jesus erzählt in der Bibel (Lk 10,30-36) von einem Mann, der auf dem Weg von Jerusalem nach Jericho tatsächlich unter die Räuber fällt. Er wird ausgeraubt, fast tot geschlagen und hilflos liegen gelassen. Zum Glück kommt nach einiger Zeit ein edler Mann vorbei, der den Überfallenen in eine Herberge bringt und auf seine Kosten versorgen lässt.

Die Geschichte ist für die frommen Mitbürger Jesu starker Tobak: Denn bevor der Helfer erscheint, passieren zwei besonders fromme Leute auf dem Weg zum Gottesdienst die Unglücksstelle – und lassen den armen Mann liegen. Und der, der da geholfen hat, ist ausgerechnet ein Ausländer aus Samaria, der auch noch den falschen Glauben hat. Aber er ist bekannt geworden als der »barmherzige Samariter«. Jesus würde die Geschichte heute vielleicht in einer Großstadt spielen lassen, als Helden der Nächstenliebe vielleicht ein Muslim ohne deutschen Pass …?

» DEN ERSTEN STEIN WERFEN «

Mit dem Finger auf andere zeigen ist leicht. Das war schon immer so. Wenn es um die Bestrafung von Verfehlungen anderer geht, konnte man sich zu Jesu Zeiten im Orient sogar aktiv beteiligen, nämlich wenn jemand zum Tode durch Steinigen verurteilt wurde.

Da wurde dann jemand mit Steinen tot geworfen. Zum Beispiel stand diese Strafe auf Ehebruch. Die ersten Steine mussten die Zeugen der Tat werfen. – Die Gegner Jesu versuchten öfter, ihn öffentlich in Konflikt zu bringen. Er verkündete ja einen barmherzigen Gott, andere interessierten sich mehr für die gnadenlose Erfüllung der Gesetze.

So stellten sie einmal eine Frau vor Jesus hin, die gerade beim Ehebruch ertappt worden war. Was sagt er dazu? Sagt Jesus: »Steinigen!«, macht er seine eigene Botschaft unglaubwürdig. Sagt er: »Nicht steinigen!«, widersetzt er sich der göttlichen Ordnung. Jesus antwortet: »Wer von euch ohne Sünde ist, der werfe als erster einen Stein auf sie« (Joh 8,7). Nun, die Frau blieb unversehrt.

Der Satz Jesu aber ist zum Sprichwort geworden.

» ETWAS FÄLLT AUF GUTEN (FRUCHT-
BAREN) ODER SCHLECHTEN BODEN «

Wenn ein Rat, eine Idee oder eine Ermahnung auf guten Boden fällt, jedenfalls wenn wir das so ausdrücken, dann benutzen wir wieder einmal eine Redewendung, die wir der Bibel verdanken (Mk 4,8). Jesus hat seine Lehre nicht in großen, abstrakten Theorien verbreitet. Er hat viele Beispiele und Vergleiche aus dem Leben benutzt, die die Leute kannten. Einmal umschreibt er, wie seine Botschaft bei den Leuten ankommt.

Dazu benutzt er einen Vergleich aus der Landwirtschaft: Ein Bauer sät aus. Der Samen fällt mal auf guten, mal auf schlechten Boden.

Entsprechend unterschiedlich wächst das Getreide, das heißt, die Ergebnisse sind unterschiedlich. Dieses Bild benutzen wir heute noch, wenn wir sagen, dass eine Rede Wirkung gezeigt hat.

» SEIN LICHT (NICHT) UNTER DEN SCHEFFEL STELLEN «

Man sagt das manchmal so: »Stell doch dein Licht nicht unter den Scheffel.« Das soll eine Ermutigung sein: Du hast doch was einzubringen, dann mach's doch auch.

Aber mal ehrlich : Wissen Sie, was ein Scheffel ist? Früher nannte man so ein Holzgefäß, im Süddeutschen gibt es heute noch einen Schaff. In der Bibel macht Jesus mit diesem Bild seinen Anhängern Mut, seine Lehre weiterzutragen:

»Man zündet kein Licht an und stülpt dann ein Gefäß darüber, sondern man stellt es auf den Leuchter. Dann leuchtet es allen im Haus. So soll euer Licht vor den Menschen leuchten, damit sie eure guten Werke sehen und euren Vater im Himmel preisen« (Mt 5,15-16).

Wenn Sie lange nichts von Ihrer nächsten Christengemeinde gemerkt haben sollten, dann hat die vielleicht kein Licht mehr, oder sie hat's doch irgendwo versteckt.

Wenn man jemandem etwas Wertvolles gibt, der es nicht zu schätzen weiß, dann ist man schnell enttäuscht. Dann sagt man schon mal: »Da habe ich Perlen vor die Säue geworfen.«

Diese Redewendung ist uns aus der Bibel überliefert. Jesus sagt da zu seinen Anhängern: »Ihr sollt das Heilige nicht den Hunden geben, und eure Perlen nicht den Schweinen vorwerfen, denn sie könnten sie mit ihren Füßen zertreten und sich umwenden und euch zerreißen« (Mt 7,6).

Der immer nur Zarte und Sanftmütige, wie er manchmal dargestellt wird, scheint er ja nicht gewesen zu sein. Er meinte damit, dass man seine kostbare Lehre nicht Menschen vorlegen soll, die sie missbrauchen.

Nach einem Misserfolg sagt man manchmal: »Da habe ich wohl auf Sand gebaut.« Will heißen: das Fundament hat nicht viel getaugt.

Die Redeweise geht auf eine Geschichte, ein Gleichnis zurück, das Jesus seinen Schülern erzählt hat (Mt 7,24–27). Um seine Lehre zu verbreiten, hat er keine hochtrabenden Vorträge gehalten, sondern Geschichten und Vergleiche aus dem Alltag aufgegriffen.

Darunter ist auch die Geschichte von zwei Bauherren. Der eine baut sein Haus auf einen Felsen, der andere baut sein Haus auf Sand. Und es kommt, wie es kommen muss: Das Fundament auf Sand kommt beim nächsten Unwetter ins Rutschen, das Haus stürzt ein.

Wer aber als gläubiger Mensch lebt, dem ergeht es so wie dem Mann, der sein Haus auf einem Felsen baute.

Warum können eigentlich heute die Pfarrer nicht so einfach predigen ...?

» AUS SEINEM HERZEN KEINE
MÖRDERGRUBE MACHEN «

Wenn man jemanden auffordern will, nun doch endlich zu sagen, was ihn bedrückt oder was er wirklich meint, dann sagt man: »Mach doch aus deinem Herzen keine Mördergrube.«

Diese Redewendung knüpft an Redewendungen in der Bibel an. Dort meint die Mördergrube »eine Höhle, einen Schlupfwinkel für Räuber und Mörder«. Bei Matthäus (21,13) sagt Jesus zum Beispiel: »Mein Haus soll ein Bethaus sein; ihr aber habt eine Mördergrube daraus gemacht.«

Jesus schimpft über den Umgang seiner Zeitgenossen mit dem Tempel in Jerusalem und hat sich damit wahrscheinlich viele Feinde gemacht. Ebenso erging es 500 Jahre vorher auch schon dem Propheten Jeremia.

» SEIN SCHERFLEIN BEITRAGEN «

Wenn man zu einer Aktion – zum Beispiel einer Spendenaktion – etwas beitragen will, dann sagt man: »Ich will mein Scherflein beitragen.«
Wissen Sie, was ein Scherflein eigentlich ist? Eine kleine Münze.
Dass wir sie bis heute kennen, hängt mit einer Geschichte aus der Bibel (Mk 12,41-44) zusammen: Jesus hat einmal im Jerusalemer Tempel beobachtet, wie die Leute Geld in den Opferkasten warfen. Und seinen Schülern gegenüber lobte er eine arme Witwe, die nur zwei kleine Münzen einwarf. Sie hatte damit fast alles weggegeben, während andere nur etwas von ihrem Überfluß gaben.
Martin Luther hat den griechischen Begriff in der Geschichte von der Witwe mit dem mittelalterlichen Wort »Scherflein« übersetzt. Und so ist das Scherflein in die Redewendung gekommen.

» SCHNÖDER MAMMON «

Geld regiert die Welt, heißt es. Die einen haben es, die anderen weniger. Und so reden auch die Leute sehr unterschiedlich davon. Manchmal ist da die Rede vom »schnöden Mammon«. Das ist ein Begriff, der uns durch die Bibel überliefert worden ist. Er stammt eigentlich aus dem Aramäischen. Das war die Umgangssprache in Palästina zur Zeit des Jesus von Nazareth, also vor rund 2000 Jahren.

Jesus hatte kein gutes Verhältnis zum Besitz oder Vermögen, also zum Mammon. Seinen Jüngern sagte er: »Kein Sklave kann zwei Herren dienen, ... ihr könnt nicht beiden dienen, Gott und dem Mammon« (Lk 16,13). In einem der Nachbarvölker war Mammon sogar ein Gott des Reichtums. Jesus sprach in seinen Reden auch vom »ungerechten Mammon« und meint damit wohl, dass großer Besitz oft nicht auf gerechte Weise erworben worden ist.

» SICH AN DIE BRUST SCHLAGEN «

»Sich an die Brust schlagen«: Diese Redewendung ist heute wohl etwas seltener geworden. Es ist ja auch etwas aus der Mode, sich als Sünder zu bekennen, und das auch noch öffentlich.

In der Bibel kommt diese Redewendung öfter vor (z. B. Lk 18,13). Und auch im katholischen Gottesdienst war es bis vor kurzem üblich, sich am Anfang des Gottesdienstes, beim allgemeinen Schuldbekenntnis mit der Faust gegen die Brust zu schlagen, nur ganz leicht natürlich. Hier ist das also ein Zeichen der Reue.

In der Bibel kommt das »sich an die Brust schlagen« auch als Zeichen der Trauer vor.

» MIT SEINEN PFUNDEN WUCHERN / TALENT «

»Der oder die hat Talent.« Das hört man öfter, obwohl wohl kaum jemand damit meint, was das Wort ursprünglich bedeutet: Geld beziehungsweise ein bestimmtes Gewicht Edelmetall.

In der Antike war das Talent eine Art Währung. Dass wir darunter etwas anderes verstehen, nämlich etwas, das man ohne eigenes Verdienst bekommen hat und aus dem man etwas machen kann: Das haben wir der Bibel zu verdanken.

Jesus erzählt in einer Geschichte (Lk 19,12-26) von einem reichen Mann, der verreist und sein Vermögen unter mehrere Verwalter aufteilt. Jeder bekommt ein Talent in die Hand und soll daraus etwas für seinen Chef machen, nämlich noch mehr Talente. Geld also. Die Verwalter lösen die Aufgabe unterschiedlich gut. Und deshalb bedeutet heute in allen europäischen Sprachen »Talent« soviel wie »Begabung«.

Martin Luther hat das »Talent« zuerst mit »Zentner«, dann mit »Pfunden« übersetzt, und so heißt es heute auch, dass da jemand »mit seinen Pfunden gewuchert« hat. Das hat also nichts mit Gewichtsproblemen zu tun, sondern meint das gleiche: da hat jemand aus seinem Talent etwas gemacht.

» DIE ERSTEN WERDEN DIE LETZTEN SEIN «

Jesus hat so manches Mal die Ordnung seiner Zeitgenossen auf den Kopf gestellt. Oder, wie seine Anhänger meinen: auf die Füße. Und so sagt er einmal: »Viele aber, die jetzt die Ersten sind, werden dann die Letzten sein, und die Letzten werden die Ersten sein« (Mt 19,30). Gemeint ist die Ordnung »im Reich Gottes«. Jesus geht also davon aus, dass Gott oft eine andere Rangordnung für richtig hält als die angeblich frömmsten seiner Zeitgenossen. Der Mann aus Nazareth beansprucht damit eine unerhörte Souveränität in seiner Lehre, die gerade bei den »Ersten« wenig Anklang findet.

In manchen Cafes bekommt man ihn zu trinken: einen Pharisäer. Das ist dann in der Regel ein Kaffee mit einem Schuss Rum. Den Alkohol in der Tasse sieht und ahnt man nicht, und das ist der Witz an der Sache. Pharisäer, so beschimpft man oft scheinheilige Menschen, die hohe ethische Ansprüche stellen, aber selbst nicht einhalten. Und die sich obendrein für »etwas Besseres« halten.

Dieses Bild der Pharisäer wird ihnen wohl nicht ganz gerecht. Auf jeden Fall wird man dieser jüdischen Strömung zur Zeit Jesu ihren religiösen Ernst zugute halten müssen. Den hat Jesus auch nicht angegriffen. Allerdings hat er ihre rein formale Einhaltung der Gesetzesvorschriften und ihr Streben nach ritueller Reinheit gegeißelt, schließlich ihre Neigung, sich in ihrem religiösen Eifer über ihre Mitmenschen zu erheben.

Die Frage, mit der sie Jesus auf die Probe stellen wollen, ist »typisch pharisäisch«: »Welches Gebot im Gesetz ist das wichtigste?« (Mt 22,36) Seine Antwort in Kurzfassung: Gottesliebe und Nächstenliebe – also nicht Vorschrift, sondern die Liebe. Wenn man das weiß, weiß man genug.

» ES WIRD NICHT EIN STEIN AUF DEM ANDEREN BLEIBEN «

In Berichten über die Zerstörungen, die ein Krieg anrichtet, taucht eine Redewendung immer wieder auf: Es wird erzählt, dass in einem Dorf oder einer Stadt »kein Stein auf dem anderen geblieben« ist.

Diese Redewendung ist uns durch die Bibel überliefert worden (Mt 24,2): Jesus kündigt an dieser Stelle an, dass der Tempel in Jerusalem zerstört wird.

Für die Juden war das damals eine katastrophale Sache, schließlich war der Tempel das religiöse Zentrum des Volkes. Ein politisches Zentrum gab es schon länger nicht mehr, weil die Römer als Besatzungsmacht regierten. Im Jahre 70 ist der Tempel dann tatsächlich von den Römern zerstört worden.

Heute befindet sich auf dem Tempelberg eine islamische Moschee, der Felsendom. Das einzige, was den Juden geblieben ist, ist die berühmte Klagemauer, einst die Nordseite des Tempelbergs.

» Da kannst du warten bis zum ›jüngsten Tag‹.« Aus diesem Satz klingt Hoffnungslosigkeit, fast schon Sarkasmus: »Das wird nie etwas.« Der säkularisierte Zeitgenosse rechnet nicht mehr ernsthaft mit dem »jüngsten Tag«.

Der Ausdruck geht aufs Mittelhochdeutsche zurück und meint den »letzten« Tag der Weltgeschichte, den Tag also, der nach christlicher Tradition das Weltgericht bringt, das »jüngste Gericht«.

Die ganze Bibel kennt Gott als Richter, der über das Tun und Lassen von Menschen und auch ganzen Völkern richtet. Im christlichen Teil, dem Neuen Testament, setzt sich die Auffassung durch, dass Gott am Ende der Geschichte zu Gericht sitzen wird – sowohl über die Lebenden als auch über die Toten (Mt 25,31-32).

Wenn heute jemand etwas auf den »jüngsten Tag« vertagt, dann hat das nicht nur eine zeitliche Dimension. Da schwingt mit, dass die Hoffnung auf Gerechtigkeit verflogen ist.

» DER GEIST IST WILLIG, ABER DAS FLEISCH IST SCHWACH «

Es ist eine häufig gebrauchte Ausrede: »Der Geist ist willig, aber das Fleisch ist schwach.« Letzteres steht außer Frage, vor allem, wenn das Gute zu erreichen etwas Anstrengung kostet. Aber oft bekommt der aufmerksame Betrachter den Eindruck, dass das Fleisch schon schwach wurde, noch bevor der Geist eine Chance hatte, willig zu sein.

Jesus hat diesen Satz seinen Jüngern zugerufen, als sie mit ihm in der Nacht vor seiner Gefangennahme wachen sollten. »Wacht und betet, damit ihr nicht in Versuchung geratet. Der Geist ist willig, aber das Fleisch ist schwach« (Mt 26,41).

Das sieht zunächst nach einer Aufteilung des Menschen in einzelne Teile aus. Es meint aber nach jüdischen Vorstellungen eher zwei Seiten derselben Medaille, es soll ausdrücken, wie widersprüchlich der Mensch ist: Er vereint in sich Endlichkeit und Streben nach Unendlichkeit, Todverfallenheit und Sehnsucht nach der Ewigkeit, Selbstsucht und Liebe zu dem Unendlichen.

Der Geist braucht Stärkung, wenn er sich über das Fleisch erheben will – keine Ausreden. Jesus empfiehlt das Gebet.

» DER KELCH GEHT AN JEMANDEM VORÜBER «

»Dieser Kelch ist an mir vorübergegangen.« Das sagt man, wenn einem eine schwere, unangenehme Angelegenheit erspart geblieben ist.

Diese Redensart stammt – wie viele andere – aus der Bibel. Jesus spricht – so schreibt es Matthäus – in einem Gebet zu Gott: »Mein Vater, wenn es möglich ist, gehe dieser Kelch an mir vorüber« (Mt 26, 39). Er meint damit seine Verhaftung und Hinrichtung.

Der Kelch oder Becher spielt in der israelitisch-jüdischen Kultur eine wichtige Rolle.

Bei Dankfeiern oder Trauerfeiern gab es verschiedene Zeremonien, bei denen der Becher eine Rolle spielte. Bei der Familienmahlzeit füllte der Hausvater persönlich die Becher seiner Angehörigen.

Und das führte zu der Rede, wonach der Inhalt des Bechers das Schicksal bedeutet, das einem beschieden ist. Jesus meint also keinen tatsächlichen Kelch oder Becher, sondern er ringt mit Gott um sein Schicksal.

Angeblich ist keiner für diese Sache zuständig, Sie kennen das sicher. Behördengang hoch, Behördengang runter – oder so ähnlich. Man wurde von »Pontius zu Pilatus« geschickt, sagt man in solchen Situationen.

Die Redewendung geht auf die Berichte in den Evangelien (Lk 23,1-11) über den Prozess gegen Jesus zurück. Das heißt, eigentlich ist die Redewendung eine Verballhornung.

Jesus wurde in Jerusalem von seinen jüdischen Gegnern festgenommen und nach jüdischem Recht verurteilt.

Aber Palästina war besetztes Land, und Gerichtsgewalt hatten nur die Römer. Deshalb zogen sie mit Jesus zur Residenz des römischen Statthalters, und der hieß Pontius Pilatus. Doch der hatte wohl keine Lust, sich in die innerjüdischen Querelen einzumischen. Deshalb schickte er Jesus zunächst zu König Herodes, denn der war für Galiläa zuständig, wo Jesus zuletzt seinen ständigen Wohnsitz hatte.

Doch Herodes schickte ihn wieder zu Pontius Pilatus zurück. Und schließlich hat Pilatus Jesus doch verurteilt.

» HÄNDE IN UNSCHULD WASCHEN «

Mit manchen Dingen will man einfach nichts zu tun haben. Und wenn das die anderen trotzdem nicht glauben, dann sagt man schon mal: »Ich wasche meine Hände in Unschuld.«

Diese Redewendung geht auf mehrere Stellen in der Bibel zurück: Die bekannteste ist wohl die, wo der römische Statthalter in Jerusalem, Pilatus, entscheiden soll, ob Jesus zum Tod verurteilt wird oder nicht (Mt 27,24).

Er will mit diesem Konflikt zwischen den Juden angeblich nichts zu tun haben. Aber als Chef der Besatzungsmacht muss er etwas tun. Und so verurteilt er Jesus doch zum Tod.

Ja, und so hat das heute wohl auch manchmal einen leicht negativen Beigeschmack, wenn man von anderen sagt: »Der wäscht seine Hände in Unschuld.«

» WER'S GLAUBT, WIRD SELIG «

»Wer's glaubt, wird selig!« Diesen Spruch hört man heute wohl nur ironisierend. Der blanke Unglaube spricht aus diesem Satz: »Das glauben doch nur Naive …« soll er bedeuten.

Das Original beim Evangelisten Markus (16,16) hat Martin Luther übersetzt: »Wer da glaubet und getauft wird, der wird selig werden; wer aber nicht glaubet, der wird verdammt werden.« Wer glaubt, wird selig.

Der Unterschied zwischen beiden Sprüchen ist in der deutschen Übersetzung das kleine »s«: Wer »es« glaubt. Das heißt: für wahr hält. Glauben, wie es Jesus meint, ist mehr. Da geht es um Vertrauen. Es könnte auch heißen: Wer ihm – Gott – glaubt, wird selig. Wer seine Existenz auf ihn baut.

Die zwei sind »ein Herz und eine Seele«. Das sagt man manchmal von Leuten, die sich gut verstehen. Dabei ahnt man kaum, dass auch diese Redewendung durch eine Stelle in der Bibel in unsere Sprache gekommen ist.

Lukas beschreibt in dem Buch »Apostelgeschichte« die Anfänge des Christentums. Und da sagt er von der ersten Gemeinde in Jerusalem:

»Die Gemeinde der Gläubigen war ein Herz und eine Seele« (Apg 4,32). Ja, und dann ist die Rede von Gütergemeinschaft. »Es war ihnen alles gemeinsam«, heißt es da. Aber wahrscheinlich hat Lukas doch eher ein Idealbild gezeichnet als die Wirklichkeit beschrieben. Schon im nächsten Kapitel beschreibt er, wie ein Ehepaar versucht, die Gemeinde zu betrügen.

Es ging halt gleich am Anfang sehr menschlich zu. Vielleicht ein Trost für Leute, die sich mit Gottes »Bodenpersonal« schwer tun.

» WIE SCHUPPEN VON DEN AUGEN FALLEN / AUS DEM SAULUS WIRD EIN PAULUS «

Er soll einer der schärfsten Verfolger der Jesus-Anhänger gewesen sein: der Jude Saul aus Tarsus, der als römischer Staatsbürger auch Paulus heißt. Und hätte er weiter die Gemeinden verfolgt, hätte sich das junge Christentum nicht so ausbreiten können. Deshalb wohl griff Gott persönlich ein, so erzählt es die Apostelgeschichte in der Bibel.

Paulus war gerade nach Damaskus unterwegs, um mal wieder eine Christengemeinde hinter Schloss und Riegel zu bringen. Da hatte er dieses eigenartige Erlebnis, eben das »Damaskus-Erlebnis«. Es soll plötzlich gleißendes Licht vom Himmel gekommen sein, Paulus stürzt und ist drei Tage lang blind. Als er in Damaskus geheilt wird, »fiel es wie Schuppen von seinen Augen« (Apg 9,18). Das steht wirklich so da. Und dabei hat er erkannt, dass er die Christen zu Unrecht verfolgt.

Der Mann hat seine neue Erkenntnis auch umgesetzt. Er wurde zum eifrigsten christlichen Missionar an der Wiege des Christentums. Den frischgebackenen Missionar nennt die Apostelgeschichte dann nur noch Paulus: So wurde aus dem Saulus ein Paulus – eine weitere Redewendung.

» MIT DEM MANTEL DER NÄCHSTENLIEBE ZUDECKEN «

Himmlischer Beistand hin oder her, in der Kirche geht es oft sehr irdisch zu. Das ist eigentlich kein Wunder – bei näherer Betrachtung. Schließlich ist es Glaube derselben Kirche, dass Gott den Menschen in seiner Freiheit ernst nimmt. Und dass der Mensch schwach ist. Wenn aber Konflikte in der Kirche nicht so sehr ins Rampenlicht gezerrt werden, dann sagen Kritiker manchmal: »Da wird wieder alles mit dem Mantel der Nächstenliebe zugedeckt.«

Diese heute kritisch verstandene Redewendung geht nun ausgerechnet auf die Bibel zurück, genauer auf den ersten Petrusbrief. Da lautet eine Anweisung an die Gemeinden: »Vor allem haltet fest an der Liebe zueinander, denn die Liebe deckt viele Sünden zu« (1 Petr 4,8). Da ist das also noch positiv gemeint und heißt nicht, dass da einfach etwas unter den Teppich gekehrt wird.

Wenn es mal wieder Auseinandersetzungen gegeben hat, dann spricht man von einem »Stein des Anstoßes«.

Dieses Bild überliefern uns die frühen Schriften der Christengemeinden in der Bibel (Röm 9,32). Und da geht es nicht um irgendwelchen Ärger, da geht es um die zentrale Frage in der Auseinandersetzung zwischen den jungen Christengemeinden und den jüdischen Gemeinden, aus denen sie hervorgegangen sind: Ist Jesus von Nazareth nun der Erlöser, Retter oder Messias, der von Gott versprochen war, oder nicht?

Die Christen sagten damals: Die Juden haben sich an Jesus gestoßen wie an einem Stein, an einem Felsen.

Für die Christen wiederum ist dieser anstößige Stein, also der »Stein des Anstoßes«, zum Fundamentstein für ein neues Glaubensgebäude geworden.

Also wenn Sie wieder mal einen »Stein des Anstoßes« ausmachen, dann sollte es schon etwas Wichtiges sein.

Für die einen sind es Computer, für andere die moderne Malerei, wieder für andere die Kochkunst: ein »Buch mit sieben Siegeln«. Das sagt man so, wenn man zu einer Sache überhaupt keinen Zugang hat.

Diese Redewendung stammt aus dem letzten Buch der christlichen Bibel, der »Offenbarung des Johannes« oder – mit dem Fremdwort – aus »der Apokalypse des Johannes« (5,1).

Johannes greift hier die alte jüdische Überlieferung vom »Buch des Lebens« auf: In dieses Buch werden die Namen der Gerechten eingetragen, und die Namen der Sünder werden getilgt. Johannes beschreibt in einer seiner Visionen, dass Gott ein Buch in der Hand hält, das »versiegelt mit sieben Siegeln« ist. Dieses Buch enthält die Ereignisse, die am Weltende geschehen sollen, und wohl auch die Namen der Gerechten.

Wir einfachen Menschen werden nicht erfahren, was in diesem Buch steht – jedenfalls nicht vor der Zeit. Da sind die »sieben Siegel« davor.

Wenn jemand einem anderen etwas erklären will und schließlich noch einmal das Wichtigste zusammenfasst, dann sagt man: »Das ist das A und O.« Warum eigentlich ausgerechnet »A und O«?

Nun, das Ganze hat mit dem griechischen »Alphabet« zu tun, also dem griechischen ABC. Im Original: Alpha, Beta, Gamma und so weiter. Ja, und enden — enden tut das Alphabet mit dem Buchstaben »O«, genauer mit dem großen O: »O-méga«. (Sprich schönes langes Oooo.)

Eine Art Light-Version von Griechisch war vor 2000 Jahren im Mittelmeerraum sozusagen Verkehrssprache. So wie heute vielleicht das Englische. Und deshalb sind die Schriften der ersten Christengemeinden allesamt in Griechisch abgefasst. Und das Wichtigste für die Christen war und ist: Jesus, der »der Christus« genannt wird. Der biblische Schriftsteller Johannes schreibt von diesem Christus, er ist das »A und O, der Anfang und das Ende« (Offb 22,13).

Die Christen glauben, dass dieser Mann aus Nazareth aus der Welt Gottes kommt und zur Welt Gottes gehört und deshalb über allem steht und alles umfasst — alles von A bis Z oder eben von A bis O.

» UM HIMMELS WILLEN /
ETWAS STINKT ZUM HIMMEL «

Wenn man über eine Neuigkeit bestürzt ist, dann sagt man manchmal: »um Himmels willen« oder »ach, du lieber Himmel«.

Wie viele stammt auch diese Redeweise aus der jüdisch-christlichen Tradition. Zur Zeit der Bibel war der Himmel ganz klar die Wohnung oder der Thron Gottes. Und im Laufe der Zeit trauten sich die Juden immer seltener, den Namen Gottes auszusprechen.

Deshalb setzte man damals einfach Himmel und Gott gleich. Man musste es nicht aussprechen; aber jeder wusste, was gemeint war. »Um Himmels willen« heißt deshalb nichts weiter als »um Gottes willen«.

Und wenn etwas zum Himmel stinkt, das soll ja vorkommen, dann verlangt dieser Missstand einfach die Strafe Gottes, der im Himmel thront.

» AUS DER TAUFE HEBEN «

In der Zeitung kann man es regelmäßig nachlesen: ein Bauvorhaben oder eine politische Reform wird »aus der Taufe gehoben«.

Ganz so religiös ist das dann meistens nicht gemeint, wie man eigentlich vermuten müsste. Denn die Taufe ist ein altes religiöses Zeichen: Jesus wurde zum Beispiel auch von Johannes dem Täufer getauft.

Und der hat noch richtig getauft: der ganze Mann musste kurz unter Wasser. Wasser reinigt. In Wasser kann man alles Schlechte ersäufen. Taufe – das ist ein Neuanfang.

Und insofern ist heute manchmal bei neuen Projekten die Rede von der Taufe auch wirklich angebracht. Im Christentum ist die Taufe der Eintritt in die christliche Gemeinde.

In Europa wurde man ja in beiden großen Kirchen in früheren Zeiten ganz selbstverständlich als Säugling getauft. Die meisten von uns kennen das nur so, dass da dem Säugling etwas Wasser über den Kopf gegossen wird. Lange Zeit hat man aber auch bei uns die Säuglinge mit dem ganzen Körper untergetaucht – ja und dann eben aus der Taufe gehoben.

INHALTSVERZEICHNIS

INHATLSVERZEICHNIS

INHALTSVERZEICHNIS

INHALTSVERZEICHNIS

NAMEN UND ABKÜRZUNGEN
DER IN DIESEM BUCH GEANNTEN
BIBLISCHEN BÜCHER

Altes Testament

Gen	Das Buch Genesis
Ex	Das Buch Exodus
Lev	Das Buch Levitikus
Dtn	Das Buch Deuteronomium
Jos	Das Buch Josua
1 Sam	Das erste Buch Samuel
2 Sam	Das zweite Buch Samuel
1 Kön	Das erste Buch der Könige
Ijob	Das Buch Ijob
Ps	Die Psalmen
Spr	Das Buch der Sprichwörter
Koh	Das Buch Kohelet
Jes	Das Buch Jesaja
Dan	Das Buch Daniel
Mal	Das Buch Maleachi

Neues Testament

Mt	Das Evangelium nach Matthäus
Mk	Das Evangelium nach Markus
Lk	Das Evangelium nach Lukas
Joh	Das Evangelium nach Johannes
Apg	Die Apostelgeschichte
Röm	Der Brief an die Römer
1 Petr	Der erste Brief des Petrus
Offb	Die Offenbarung des Johannes

ISBN 978-3-7462-3878-4